Tiemele Kouadio Jonas

Kirikou : La voie du succès, du fictif à la réalité

Tiemele Kouadio Jonas

Kirikou : La voie du succès, du fictif à la réalité

Éditions Muse

Imprint

Cover image: www.ingimage.com

Publisher:
Éditions Muse
is a trademark of
International Book Market Service Ltd., member of OmniScriptum Publishing Group
17 Meldrum Street, Beau Bassin 71504, Mauritius

Printed at: see last page
ISBN: 978-620-2-29376-1

Jonas Tiemele Kouadio

La voie du succès

du fictif à la réalité

Développement personnel

Préface

Combien sont ces personnes à avoir adopté un mode de pensée automatique ? vivant la routine du quotidien sans trop se poser de questions. Pire encore, se contentant d'un petit malheur devenu le cadran d'une existence générationnelle.

Dirais-je, ce qui risque de vous arriver lorsque vous découvrirez KIRIKOU, le héros de cette histoire ? Voici donc, nombreuses sont ces personnes qui ne détiennent plus ou qui n'ont jamais détenu la gestion de leur propre vie, se référant sans cesse aux pseudos normes conventionnelles de la société ressassant les mots « j'ai trouvé tel à ma naissance, je laisserai de même à mon retour éternel » ; ou même d'être cause de leurs imperfections.

Eh oui, je me permets de vous donner un conseil, vivez ce livre ! Entrez dans la fictive peau de Kirikou et vous en sortirez réellement personnifié par une conception objective du possible. Votre résultat déterminera si vous êtes de l'ordre des éternels conformistes ou de ceux qui changent le monde.

J'ai été subjugué par cette capacité de dépeindre ce bout d'homme de personnage que je pensais jusque-là véritablement connaitre puisque, ayant à moult reprises visualisé la bande dessinée tout comme vous. Détrompez-vous donc, c'est avec beaucoup de finesse que Jonas Tiemele Kouadio nous transmet l'évolution et la face cachée du subconscient de ce leader né tout en nous exposant nos différents états d'esprit face aux situations de vie auxquelles nous faisons face et comment nous le faisons.

À l'intérieur de cet écrit, se trouve une formidable expérience. Je souhaite que vous soyez nombreux à le dévorer en ayant plein plaisir à suivre le parcours psychologique de Kirikou. Au passage, invitez vos amis à embarquer dans l'aventure ; et créons ensemble une grande vague de joie et de réalisation de soi.
Pour finir, je vous laisse ces mots. Rêvez grand, réalisez abondamment et nous nous retrouverons dans le cercle des leaders.

Modeste GBOKO Yao Kra
Agripreneur, Communicateur,
Conférencier

Kirikou

La voie du succès, du fictif à la réalité

Nous prenons notre envol pour un voyage vers un pays lointain où vivait un peuple sous l'emprise d'un pouvoir absolu d'une sorcière du nom de Karaba. Au passage, Michel Oncelot nous laisse une histoire aussi remarquable, comique et pleine de sens. Dans son métrage « ***Kirikou et Karaba la sorcière*** », Oncelot nous peint l'histoire d'un personnage étrange face à un adversaire qui s'avère très négatif. Kirikou vêtit d'une grande sagesse africaine fait preuve de courage traduisant sa persévérance qui aboutit toujours à une victoire héroïque de façon surprenante, ce qui rendait plus coléreux le tortionnaire du village.

Mes remerciements

A l'Eternel Dieu qui nous montre sans cesse son amour.

A Marie Reine Dongo

A Modeste Yao Kra GBOKO

Aux Éditions Universitaires Européennes

Aux Éditions Muse

A vous lectrices et lecteurs

Avant propos

Ce livre a été manœuvré, en vue de faire comprendre certains phénomènes naturels de notre environnement et nous préparer à les affronter pour enfin réaliser nos rêves dans la société d'accueil. Il enseigne les valeurs telles que le courage, l'amour, la tolérance et la joie de vivre ensemble en communauté. Et développe en nous un esprit de conversion au travail, l'une des vertus fondamentales de l'homme. Puisque la réalisation de l'homme se fonde sur les moyens physiques et psychiques qu'il dispose afin d'apporter une modification à son environnement et trouver le bonheur recherché tant.

Pour arriver à sa fin, l'auteur utilise Kirikou comme un modèle sur qui incarnent ces valeurs précitées ci-dessus. Kirikou est une histoire racontée que nous classons fictif c'est-à-dire un conte, mais méthodique avec une connaissance qu'il enseigne face aux réalités de la vie. Ce livre nous détaille clairement la philosophie que découle de cette histoire fictive et nous invite à l'utiliser comme une réalité.

Sommaire

Qui est Kirikou ?..13

La fureur de Karaba...16

Des questions au sujet de Karaba.............................18

L'Afrique et ses interdits..20

Vaux mieux sortir le monde malveillant du chaos.........23

Qui est Karaba ?..25

Kirikou en mission..28

Kirikou et le sage de la montagne............................30

L'épine du mal...34

Comment vaincre sa peur ?..36

Kirikou va-t-il réussir sa mission ?..............................38

Trouver la guérison à partir de l'amour......................41

Le chemin de la réussite..43

Quel sens donné à la mission de Kirikou ?.................45

Qui est Kirikou ?

Kirikou est cet enfant, qui depuis le ventre de sa mère, l'ordonne de le mettre au monde. « *Mère enfante-moi !* » Sa mère répliqua : « *un enfant qui parle dans le ventre de sa mère s'enfante seul* ». Puis l'enfant sort du ventre de sa mère, il s'enfante tout seul. Ainsi naît un enfant avec plein de bagage, ce

bagage est le grand esprit de sage qu'il possédait. Car toute suite où il est né, des questions le venaient en esprit sur la disparition des bras valides du village. Mais seul, le seul oncle qui restait, est sur la route des flamboyants allant combattre Karaba la sorcière, a-t-elle dit sa mère.

Dans ce titre nous devons connaitre nos origines, nous sommes tous les enfants d'Adam et Ève, mais on est née différemment d'un jour unique et sommes appelés à accomplir une mission sur notre planète qui est d'une mission de contribution. Chacun des individus doit marquer sa présence en apportant une pierre de construction. Et cette pose de pierre est pour lui une marque noble qui l'identifie dans la société et lui attribue une valeur. En effet nous devons nous interroger, pourquoi sommes-nous nés, quel est notre mission, comment l'accomplir et comment vivre ce bonheur de l'avoir accompli ?

La fureur de Karaba

Alors pour une première mission, si vite, il courut, sauva le seul oncle allant combattre Karaba la sorcière, d'ailleurs le seul homme qui resta valide dans le village. Kirikou, le minuscule, qui court si vite, revient au village avec son oncle après avoir conclu un marché avec Karaba dans l'intention de ramener la paix dans le village. Elle le laissa libre en échange d'un chapeau magique. Mais ce chapeau truqué par la voix de Kirikou va coûter cher aux villageois, Karaba va leur arracher tout leur or et même bruler la case d'une dame qui refuse de donner toute sa richesse. Cependant, certains villageois n'auront pas à comprendre qu'une seule idée qu'ils se posent, d'où la provenance de ce minuscule enfant qui vient leur a tirer plus de malheur ? Sachant bien que tu fasses mille gestes d'amour, un seul geste désagréable annule tous les milles. Ainsi Kirikou, souvent sera applaudi pour sa vaillance, de même sera détesté pour sa curiosité.

Dans cette partie nous devons nous préparer à donner réponses à nos différentes questions ci-dessus comme la problématique de notre démarche. Si nous reconnaissons que nous somme homme vivant, nous devons nous mettre en action, en faisant agir notre être méthodiquement dans un esprit de patience, d'acceptation de soi quel qu'en soient les oppositions du monde extérieur afin d'aboutir à l'accomplissement de soi et aussi du monde.

Des questions au sujet de Karaba

En aucun cas cela peut freiner sa mission, celle de sauver le peuple incrédule et naïf de leur bourreau. C'est pourquoi il avait une interrogation adressée à tous : « *pourquoi Karaba est-elle méchante ?* » Cette question n'a pu trouver une réponse adéquate. D'abord au vieux du village qui paraît sage par ses cheveux gris et pleine de connaissance par son expérience de vie, lui : *« on ne pose pas des questions sur une sorcière, cela peut en tirer des ennuis »* ; ensuite, à Karaba elle-même la porteuse du fameux nom « *sorcière* », trouve de l'insolence au regard du petit ; enfin, à sa mère qui le porta dans son sein, l'ignore, et le conduisit à une autre personne qui pourra bien trouver réponse à cette question...

Dans ce titre, la méthode s'initie par des questions ce qui pourrait constituer un frein à notre épanouissement. Après que nous ayons une connaissance de soi, nous devons oser connaitre les phénomènes qui pourront momentanément nous enchanter et nous jeter un grand sort : la paralysie économique, le chômage, les épidémies, les guerres, la pauvreté... et comme la Bible dit dans Osé 6 : mon peuple meurt, faute de connaissance.

L'Afrique et ses interdits

La terreur qui secoue le village fait classer loin dans les profondeurs des abysses, certaines questions au sujet des phénomènes naturels extravagants ou même des dominantes personnes comme Karaba qui utilisent leur pouvoir pour rendre malheureux d'autres individus et par pure crainte, reste intangible. Et cela, comme en Afrique, sur les totems absolus, aucune étude ne doit s'effectuer. Et d'ailleurs, cela est inculqué au départ dans la vie courante de l'Africain dont leur vie est liée à certains phénomènes de la nature.

Par exemple, des forêts restent interdites d'y pénétrer pour une quelconque activité sans pouvoir donner l'origine ou la vraie

version de son interdiction. Souvent, des mythes sont racontés sur des courtisans poissons sacrés non-comestibles vue comme un peuple transformé par un grand magicien pour éviter la violence lors du passage d'un conquérant, mais qui n'ont pas eu la chance de reprendre leur corps habituel après le passage du redoutable étranger, sous un pré test que le magicien a été décapité par ce dernier. Alors celui qui ose manger ce poisson, mange du poison, mange ses propres parents et cela est une malédiction d'avoir violé la loi. Or, ces interdictions pourraient entrer dans l'équilibre de l'écosystème, voir des réserves et des parcs nationaux pour la protection de la faune et de la flore, pour freiner l'avancée du désert, aussi un sujet majeur. Aujourd'hui, notre écosystème est quasiment délabré et nous assistons à l'avancée du désert, le réchauffement climatique, les pluies qui cessent de tomber du ciel et la famine qui s'accroît au même rythme que la démographie. Et ce, il est une question, qui ne doit pas être tabou, mais que chacun des individus de la terre participe à une œuvre loyale pour préserver la terre. En ce moment, ce sont des questions sans répit que nous devons nous poser : pourquoi... et pourquoi ? Car notre héroïsme doit porter sur le respect de notre environnement et la protection des êtres vivants. Ici, nous arrivons à une méthode vraie pour sauver non seulement le monde, mais nous-mêmes dont des bénédictions nous sont renvoyées comme un reflet. En ce moment, tout le bien que nous réjouissons pour ce bonheur de la renaissance du monde.

Vaux mieux sortir le monde malveillant du chaos

Ici, des questions que pose le petit Kirikou, sont des questions dont les réponses pouvaient libérer de part et d'autre le village et bien même Karaba ; des réponses qui pouvaient unir les fils et filles d'un peuple.

Mais garde à l'enfant qui voudrait en savoir plus et se pose de tas de questions stupides, était vu comme celui qui va en tirer le malheur dans le village. C'est ainsi Kirikou était stupide et malpoli aussi vaillant et libérateur lorsque satisfait, les villageois attestent sa bravoure. Nous avions vu ses prouesses lorsqu'il sauva à deux reprises les enfants du village et aussi l'eau de source qu'il déboucha et maintenant qui coule pour le bonheur des villageois. Mais tout çà, sont des questions qu'il essaya de donner réponse, il ne menait pas une vie désordonnée mais plutôt une vie méthodique qui ne demande qu'à procéder par des questionnaires c'est-à-dire poser la problématique, détailler, trouver des solutions et passer à l'action.

Osons quand même nous poser cette question, pourquoi Karaba est-elle sorcière ? Car vaux mieux sortir le monde malveillant du chaos que de rester inhumain. Pour répondre à la question de Kirikou, commençons d'abord par connaitre Karaba.

Qui est Karaba ?

Karaba était tout simplement une femme écartée du village et vit uniquement de pouvoir, pleine de rages, dans la solitude sans amour. Pour les villageois, Karaba était la sorcière incarnée de mal et est à l'origine de leurs méfaits. Elle est dépeinte comme un personnage vulnérable, à craindre, un personnage, lorsqu'il se déplace, toute vie dans son rayonnement se dessèche, c'est-à-dire elle est opposée à la nature et divinement venimeuse comme le serpent sous le talon de l'homme dont l'esprit est d'élaborer des évènements douloureux. La disparition des bras valides, personnalités importantes du village, incarcérées et privées de leur liberté et son envie de faire fondre le village. Elle a asséché l'eau de la source, et continue de rançonner les villageois. « O*n peut vivre sans or, mais on ne peut pas vivre sans eau, on ne peut pas vivre sans ceux qu'on n'aime* », disait la mère de Kirikou. La relation entre Karaba et le village ne s'exprimait pas bien sur la balance judiciaire, car une domination pesait fortement du côté de Karaba. Alors que naturellement, un élément ayant peur d'un phénomène, en lui accordant sa crainte, le phénomène s'octroie des pouvoirs sur l'élément. Voilà comment Karaba acquiert son pouvoir sur le peuple.

Au regard de tout, pourquoi Karaba développe-t-elle ce caractère négatif vis-à-vis d'autres individus ? Par exemple faisons cette remarque, j'ai mal à l'orteil, n'est-ce pas que je l'ai heurté à une pierre ? Si oui, continuons notre analyse pour dire tout simplement que tout mal à une origine. Car, quand les feuillages d'un arbre se mettent à bouger, nous devons nous souvenir du vent.

Pour connaitre la vérité sur l'origine du mal de Karaba, courons donc vers le seul homme dans les montagnes dont les réponses lui sont réservées par sa sagesse et son expérience. Révéla la mère de Kirikou d'une voix désespérée : « *Seul le sage dans la montagne, pourrait répondre à ta question.* »Et que fera Kirikou en ce moment ?

Ce minuscule est celui qui n'a jamais fui sa responsabilité et non plus ses engagements, mais corps à corps affrontait sa cible. Un affrontement qui ne demande qu'une seule chose : la conversion. Alors pour arriver à la conversion il faut le courage et l'abnégation. Il faut oser. Le succès est au bout de nos efforts.

Kirikou en mission

Encore Kirikou, le minuscule, sous les bénédictions de sa mère, discrètement, arrivera de l'autre côté de la montagne interdite.Il entreprit son voyage par un chemin ombreux plein de frayeur dont personne n'aura cet esprit que celle à qui est rattaché le cordon ombilical. Et d'ailleurs c'est elle-même avec ses prières, sa foi, son amour qui accompagneront cet enfant vaillant, objectif et plein de charisme d'amour pour le peuple aveugle.

Il initie son voyage dans la ferveur, d'une grande dévotion si forte qui l'animait des veines et de son objectif qu'il voulait atteindre sans failles, aussi positif quelque soient les obstacles qui pouvaient le freiner, il voyait ses épreuves comme une échelle qui pouvaient même l'élever au-delà des étangs. Alors il utilisa la voie terrienne des rongeurs jusqu'à la clairière, ses rencontres avec de nouveaux amis dont certains se sont montrés bons et accueillants, nous pouvons citer en exemple les écureuils qu'il a sauvés dans le terrier, des griffes du léopard. Après ce sauvetage, lui-même trouva chemin pour sortir du terrier et s'est fait remercier par des offrandes, signe de reconnaissance et d'amitié. D'autres par contre se sont montrés féroces, agressifs et sauvages. Ce qui implique longtemps plus d'intrigue depuis son voyage à l'autre côté des montagnes. Mais sa sagesse est loin de culpabiliser le mal ou de le haïr. Au contraire, il s'imprégnait du mal pour d'autres meilleurs idées qui pourront être un moyen plus aisé et le propulser, à gravir sans effort la montagne. Il s'accrocha sur les ailles d'une tourterelle lorsque celle-ci le prenait dans sa déguise comme un oiseau et voulant lui arracher le bec. Encore, le phacochère qu'il dressa et devint un accompagnateur redoutable. Par patience et surtout par sa maitrise de soi, il surpassait l'offensif de ses adversaires, les dressait à sa guise et les utilisait en vindicte pour l'accomplissement de sa mission.

Kirikou et le sage de la montagne

Au fait, cet enfant nous a plongés dans l'univers des contes avec plein d'étonnement, nous arrache un large sourire, des paroles, des faits et des gestes surtout remplis de leçons qu'il nous fait vivre à travers le film d'Oncelot. Des intrigues bien serrées mais à la grandeur des tout petits enfants qui dont le film leur est destinée et peuvent bien le suivre. Un enfant vaillant qui par son exemple, tous les enfants en tireront leçon de bravoure et de responsabilité face à la construction d'un nouveau monde encore meilleur. D'ailleurs notre rôle, c'est de leur ouvrir la grande termitière où demeurent des fois, les abeilles et en fond leur nid. A l'intérieur, se prépare le miel qu'elles produisent avec passion et amour, une substance de grandes vertus alimentaire qui perfectionne la mémoire humaine. Et d'une manière figurative, le phacochère qui servait de monture pour explorer la montagne, manifesta son instinct en poursuivant sa proie pendant que Kirikou fit son initiation à la sagesse, grandit son psychique et devint maître de lui-même et de toutes choses. Ce qui diffère l'homme de l'animal.

Revenons à Karaba qui rappelait son fétiche sur la toiture, de cesser de regarder les oiseaux pour suivre le redoutable, alors que Kirikou franchissait l'orée de la termitière. Il y entra d'une façon inattendue et trouva son grand-père.

- *« Bonjour grand-père !*
- *Bonjour Kirikou, que j'avais hâte de te voir !*

- *Moi aussi que j'avais peur que la grande termitière ne s'ouvre pas*
- *Et qu'aurais tu fait si elle ne s'était pas ouverte ?*
- *J'aurai fait un trou et je serai rentré quand même, j'avais ce qu'il me faut, c'est le poignard de mon père.*
- *Je sais, c'est moi qui le lui ai donné*
- *Grand-père je suis petit et je voudrai être grand*
- *Et quand tu seras grand, voudras-tu être petit. Aujourd'hui tu es petit et tu as pu rentrer où personne d'autre ne pouvait rentrer. Réjouis-toi et le jour tu seras grand n'oublie pas de te réjouir d'être grand.*
- *Est-ce que tu saurais me faire grandir toute suite*
- *Non*
- *Alors tu ne sais pas tout ?*
- *Non, je sais peu de choses*
- *Grand-père comment Karaba la sorcière a-t-elle fait entrer le monstre dans la grotte de la source ?*
- *Elle ne l'a pas fait entrer, il entrait tout seul, il était tout petit, il avait soif, avec les années, il a grossi et il avait de plus en plus soif.*
- *C'est tout !*
- *Oui*
- *Grand-père pourquoi Karaba dévore-t-elle les hommes ?*
- *Elle ne les dévore pas*
- *Comment ?*

- *C'est une idée des gens du village, Karaba ne les a pas contredits, plus les gens ont peur, plus elle est puissante, mais elle n'a jamais envie de manger le cadavre d'un homme, elle préfère les ignames avec une sauce bien pimentée comme toi et moi.*
- *Ce n'est pas elle qui a privé d'eau le village, elle n'a jamais mangé les hommes, elle préfère les ignames, tu vas finir de me dire qu'elle est innocente qu'elle aime tout le monde !*
- *Non, elle n'aime pas les enfants, elle méprise les femmes, elle déteste et elle veut les faire tout le mal possible.*
- *Pourquoi ?*
- *Parce qu'elle a mal, elle souffre jour et nuit sans répit.*
- *Pourquoi ?*
- *Parce qu'on lui a enfoncé dans la colonne vertébrale une épine empoisonnée. »*

(Extrait du métrage : Kirikou et la sorcière Karaba)

Au-delà de Kirikou, qui est une image d'animation virtuelle, nous fait vivre un instant de sagesse qui se décortique autour de la raison et de la compréhension des phénomènes naturels et aussi du comportementalisme humain.

L'épine du mal

L'épine comme tout le mal infliger à une personne indexée du doigt injustement sans preuve de faits, une personne supposée à l'origine des méfaits de l'autre est vue comme l'élément enfoncé dans le dos de Karaba. Imaginez un instant, que pourrait être votre douleur si vous recevez une épine enfoncée dans votre pied ? Vous ressentirez surement une douleur persistante, si l'épine n'est encore retirée du pied. Ainsi Karaba, dans son monde solitaire, culpabilisé par le monde villageois, est une épine qui la pompe des veines et par vengeance, tourné la tête vers le dos. L'épine comme des paroles méchantes, le mépris et la médisance à l'endroit d'une personne peuvent s'observer de nos jours face aux personnes âgées, les orphelins et les personnes veuves. Ceux-là, en Afrique sont considérés comme des mangeurs d'âmes, des personnes nuisibles et destructrices. Voilà comment cette épine se rumine dans le dos de certaines personnes vulnérables, le mépris, la défiguration des personnages, en les peignant d'une manière vulgaire et même leurs attribués toutes les actions méchantes. Pour résumer cela, ce sont les hommes qui ont enfoncé l'épine dans le dos de Karaba d'où sa colère permanente, comme le dit cet adage « c'est l'homme qui rend l'homme méchant ».

Pourtant un homme est le miroir de son semblable, l'image de l'autre lui revient de la même façon qu'il la façonne. Un homme ayant modelé son prochain d'un monstre, du coup il développe en vers ce dernier un sentiment de peur à son égard. Or la peur est cet élément qui ébranle, la peur est ce qui extirpe de l'homme son courage et anéanti ses forces. Ce sentiment de peur va certainement amplifier le pouvoir de l'autre et lui laisser s'imposer sur celui qui l'exprime. C'est ainsi Karaba régnait face au monde villageois.

Comment vaincre sa peur ?

La peur est une sensation spontanée de frayeur exprimée face à un sujet lambda. C'est se sentir faible devant un sujet que nous assujettissons comme danger permanent. Elle se caractérise par le manque de courage et le développement de phobie en soi.

Ces personnes qui manifestent la phobie ont été victime ou ont assisté un évènement marquant et qui figure encrer dans sa mémoire.

Une résolution consciente doit s'opérer en voulant affronter à sa peur, en transformant cette peur intense en une source de force incroyable. Vous avez peur, peur de l'échec, des critiques, du changement ou de quelque chose que vous avez du mal à identifier.

- Quelle que soit la chose qui vous faire peur, vous devez apprendre à la reconnaitre, à l'affronter et à surmonter cette peur.
- Cesser de se culpabiliser, soi-disant que je ne suis pas capable de faire ceci. La condition que je me pose, si

Kouakou a pu le faire, alors moi aussi je suis capable d'y arriver.

- Alors, savoir reconnaitre sa peur, analyser et comprendre l'origine de sa peur.
- Une fois que vos peurs sont énumérées, remettez en question le pouvoir de ces peurs sur vous.
- Prenez vos peurs par la queue en reforgeant vos idées négatives en des idées positives. Par exemple : j'ai peur des chiens parce qu'ils peuvent me mordre. J'aime les chiens parce qu'ils peuvent me protéger des voleurs. Allez-y près de vos sujets effrayants, touchez-les et cohabitez avec eux, soyeux heureux d'avoir dépassé vos limites de peur. Enfin récompensez-vous, demeurez positif. Voir tout positif et donner désormais une belle image à vos sujets de peur.

Généralement, les personnes qui réussissent sont des personnes positives qui savent toujours où se trouve la faute, ils savent la corrigée et aller de l'avant. Ce sont des personnes qui ne se limitent pas aux échecs mais qui procèdent par une démarche pour arriver à leur fin.

Kirikou va-t-il réussir sa mission ?

Pour entamer sa mission, Kirikou pensait qu'il fallait une force extérieure pour l'accompagner dans l'accomplissement de sa mission. Alors, il demanda à son grand-père s'il pourrait lui offrir un gris-gris qui puisse l'aider à combattre la sorcière Karaba. Mais comme réponse, le grand-père lui fait savoir que la sorcière connaît déjà le monde des gris-gris.

Pour vous qu'est c'est le gris-gris ?

Le gris-gris se présente comme un talisman confectionné par un religieux, utilisé comme un par feu pour se protéger contre le mal ou pour attirer la chance vers soi. Alors, ce gris-gris laisse un gros handicap dans l'esprit et devient un obstacle pour celui ou celle qui le porte. Il fait de lui un blocage permanent si celui-ci refuse de le porter à nouveau, car sans lui, il ne peut trouver épanouissement. A y penser, cet objet peut se considérer comme une barrière à la libre conscience qui pour certains, le portent comme un moteur de résolution.

Comment forger le meilleur gris-gris en soi ?

Le gris-gris n'est rien que la foi absolue qui se traduit sous les vertus telles que le courage, l'initiation objective à la foi active sous une volonté de vaincre, en éradiquant toute peur de soi dans un principe bien élaboré et prêt à conquérir un sujet. Le sacrifice de soi qui ne demande qu'à s'éloigner de toute paresse mentale et physique, la maitrise de soi, l'accord du pardon et l'amour exprimé pour la nature. A cela, il faut ajouter l'harmonie entre la nature et notre être. Car ce que tu donnes à la nature est ce qui te revient, et, ce que tu demandes ardemment, est ce que la nature te donne. Restez positif.

De grâce, cette conquête, doit s'inscrire dans la bravoure qui rend heureux son entourage et son environnement et non perçu comme un égoïsme destructeur qui détruit tout sur son chemin. Le bien doit prendre et finira par prendre le déçu sur le mal.

Par cette méthode, Kirikou, en fin de compte, débarrasse le mal de Karaba qui finalement s'offre à lui comme un trophée et devint son époux. Pour dire tout simplement que le mal ou la méchanceté vu comme le côté obscur, peut se nettoyer du corps humain comme le linge qui se débarrasse des imperfections et garde sa clarté initiale.

Pour celui qui demande la réussite, doit avoir le courage d'allumer une bougie pour la laisser bruler dans les endroits les plus sombres de sa vie. Ne nous permettons pas de juger, mais de trouver une méthode plus simple, celle de connaitre le mal, de le maitriser, et la volonté de transformer ce mal en bien. C'est un beau geste, cette volonté de s'imposer au mal et de le rendre lucide.

Trouver la guérison à partir de l'amour

Nous qualifions l'amour comme l'assise de tout fondement car toute chose tire sa naissance à partir de là. C'est dans l'amour que se développe la lumière. Kirikou à montré son amour pour son peuple, il risqua sa vie dans plusieurs épreuves, par exemple dans la source maudite. Mais il ouvra à nouveau ses yeux grâce à l'affection maternelle, et à la prière des hommes du village qui manifestent un sentiment d'amour envers lui.

C'est par amour que Kirikou est allé jusqu'au bout. Par son amour, il retira l'épine du mal enfoncé dans le dos de Karaba. De même c'est par amour, avec un simple baiser que Karaba fait grandir l'homme qui l'a sauvé. Enfin, l'amour est la force puissante intégrée en nous pour notre accomplissement total.

Ayez le courage de donner la vie aux autres, de partager l'amour, de vivre l'unité, de rendre justice, vous trouverez que cela vous reviendra comme un reflet de miroir. Car celui qui donne abondamment, reçoit abondamment.

Le chemin de la réussite

Cependant, restons avec les personnes âgées, elles ont le secret de la vie, elles ont trouvé tôt la meilleure vie, sans alcool en veillant sur leur corps de façon rhétorique. Leur bonne attitude de garder les préceptes et les vertus de la vie, leur respect envers la nature et leur volonté de toujours apprendre peuvent augmenter leur espérance de vie. Vivons comme eux, sous une base de principes et de sacrifices comme non seulement essence de notre corps, mais aussi des antiseptiques purifiant l'âme et l'esprit.Pour votre réussite personnelle, une potion vous est préparée en sept (7) étapes.

1- Fixez-vous un objectif.
2- Cet objectif ne doit pas porter atteinte aux intérêts légitimes des autres. Cet objectif doit être positif pour tout le monde.
3- Décomposez cet objectif principal en plusieurs objectifs secondaires qui constitueront autant de succès vers le succès final.
4- Fixez-vous pour chaque objectif secondaire une date limite à laquelle celui-ci doit être impérativement atteint.
5- Plus précisément et nettement, visualisez votre premier but intermédiaire comme si vous l'aviez déjà atteint.

6- Ressentez en même temps le sentiment de bonheur et de joie que vous procurera cette étape une fois atteinte, car votre émotion est le moteur du processus.
7- Ne passez au but suivant qu'une fois le but précédent est atteint, appliqué pour chaque étape jusqu'à la dernière. Pour atteindre réellement votre but, il est fondamental de combiner à la fois visualisation et action.

Il nous revient de trouver la bonne méthode pour notre épanouissement en murissant des pensées, étant objectif, les nourrir positivement, se mettre en action, s'accrocher sans relâche à ses idées.

Quel sens donné à la mission de Kirikou ?

Une mission noble, qui a lieu d'être. Kirikou à un objectif de grandir, de libérer Karaba de son épine, de libérer le peuple de leur enchantement et de ramener la paix dans le village. Kirikou a su le faire en y mettant son expertise. Il redonna vie à la communauté villageoise en les réconciliant, les réunissant par le geste du pardon et la confiance qu'il leur prouve de recommencer cette nouvelle vie après tant d'échecs. Par Kirikou, nous aussi pouvons trouver le succès et notre bonheur de régner dans la justice, la paix et la joie.

Kirikou est sage, suivez ses conseils pour ne pas être mangé par la sorcière.

Du même auteur

La Mystérieuse Voix africaine Tome 1, poésie éditée en Mars 2016 par Edilivre

Résumé

Cet ouvrage se pose en sonnette d'alarme à tous les enfants d'Afrique qui ont soif de justice et de paix.
La paix, en effet, relève d'un comportement du vivre ensemble, et, garante de l'humanité, elle est devenue un mirage dans les communautés africaines. Il faut donc trouver des voies et moyens pour la reconquérir avant qu'elle ne devienne un mythe...
Le désir ardent de ce recueil est de mettre en garde l'Afrique en vue d'un changement authentique. Cette instabilité deviendrait une désillusion si elle pousse les bras valides à abandonner leur quotidien, leur labeur pour d'autres cieux. Et cet exode loin des terres natales ne peut en aucun cas unir les sociétés africaines. Comprenons bien que c'est la paix qui serait le gage incontournable du rassemblement...

La Mystérieuse Voix africaine Tome 2, poésie éditée en Mars 2016 par Edilivre

Résumé

Le tome 2 de *La Mystérieuse Voix africaine* met en exergue la confiscation des libertés des peuples africains. Vaillante Afrique, berceau de développement, est appauvrie par les charognards opportuns aux cœurs dévastateurs. Tout est permis en Afrique, car personne ne s'en occupe. Ainsi, elle est abandonnée à elle-même. Les peuples africains restent sans réaction face aux envahisseurs qui gèrent les biens à leur gré. Et pourtant, ils doivent aimer ce continent qui a tant de potentialités naturelles, culturelles et humaines. Le désordre et la malveillance de son peuple font qu'elle est pillée et rendue pauvre. Il faut une unité africaine pour dessaisir le continent des mains des prédateurs. Hélas ! L'Afrique est lâchée par Dieu qui, au lieu de protéger les plus faibles, élève les plus forts.

Au péril de la tradition, roman édité en avril 2019 par Edilivre

Résumé

"Au péril de tradition" retrace la vie de Bekanty, une jeune femme qui fuit un mariage forcé et s'installe à Dantaville chez sa tante, où elle est confrontée à la méchanceté et à la médisance des gens, mais où elle parvient finalement à trouver le bonheur. L'auteur a su dépeindre une société empreinte de croyance et de coutume ancestrales à travers une palette de nombreux personnages, et tisser une critique intéressante de cette société qui traite inégalement les individus et laisse une trop grande part aux préjugés au quotidien.

Tiemele Kouadio Jonas est un écrivain ivoirien né en 1982 à Tanda (Côte d'Ivoire). Il est certifié en NTIC, CERTICE-Scol niveau 1, d'un Master ACREDITE (Analyse, Conception et Recherche dans le Domaine de l'Ingénierie des Technologies en Education) à l'Université virtuelle de Cergy Pontoise(France).

Ecrivain poète, romancier, il est auteur de plusieurs livres dont *"La Mystérieuse Voix africaine"* tome 1 et 2 parus en 2016 par Edilivre à Paris. (...)

La voie du succès, du fictif à la réalité nous retrace la piste de la réussite de Kirikou face à Karaba. Au passage où Oncelot nous laisse une histoire aussi remarquable, comique et pleine de sens. Dans son métrage « ***Kirikou et Karaba la sorcière*** », il nous peint l'histoire d'un personnage étrange face à un adversaire de taille très négatif. Kirikou vêtit d'une grande sagesse africaine fait preuve de courage traduisant sa persévérance qui aboutit toujours à une victoire héroïque de façon surprenante, ce qui rendait plus coléreux le tortionnaire du village.

Partir de rien, comment trouver la réussite ? Ici, Jonas, à travers son livre ***Kirikou :la voie du succès, du fictif à la réalité***, nous apprend la méthode du succès.

Printed by Books on Demand GmbH, Norderstedt / Germany